Kreatives und künstlerisches Gestalten
in Freizeit und Beruf – dafür steht der Name
Christophorus
seit mehr als 30 Jahren. Jedes
CHRISTOPHORUS-BUCH
ist mit viel Sorgfalt erarbeitet:
Damit Sie Spaß und Erfolg beim Gestalten haben –
und Freude an unverwechselbaren Ergebnissen.

Laubsägen

Deko-Ideen für Haus & Garten

Erika Bock
Marion Dawidowski
Ingrid Moras

CHRISTOPHORUS

Inhalt

7 **Schönes aus Holz**

8 **Material & Technik**

Für Eingang & Garten

10 Willkommen
12 Lustige Raben
14 Schlafwandler
16 Apfel-Katze
18 Kräuter-Wichtel

Tisch- und Raumdeko

20 Kerzen-Tiere
22 Windlichter
24 Tisch-Deko
26 Urlaubserinnerungen
28 Blumenstecker
30 Schweinchen

Nützliche Helfer

32 Küchen-Kühe
34 Zettel-Tiere
36 Igel-Pinnwand
38 Schuhputz-Schwein
40 Alltagshilfen
42 Für den Schreibtisch

Fürs Kinderzimmer

44 Tier-Dosen
46 Lustige Spiegel
48 Tiere mit Punkten
50 Nilpferd mit Stiften
52 Tierische Helfer
54 Niedliche Bären

Frohe Weihnachten

56 Lustige Elche
58 Engel & Sterne
60 Musikalischer Schneemann

62 **Vorlagen**

Schönes aus Holz

Es gibt Materialien, die nie ihre Faszination verlieren, ganz unabhängig von der jeweiligen Zeit und ihren Modeerscheinungen. Eines dieser Materialien ist Holz, das sich – je nach Geschmack – ganz unterschiedlich verarbeiten lässt. Dünnes Holz bzw. Sperrholz kann mit wenig Werkzeug und bunten Acrylfarben auch von weniger geübten Handwerkern in farbenfrohe Dekorationen verwandelt werden.

Im Eingangsbereich begrüßt ein niedlicher Wichtel die Besucher und zwei Raben sitzen auf dem Briefkasten. Eine Schildkröte als Serviettenhalter und ein Elefanten-Windlicht sorgen für farbenfrohe Blickpunkte auf dem Tisch. Aber auch Nützliches lässt sich aus Holz herstellen, z. B. eine Pinnwand in Form eines Igels, ein lustiges Schuhputz-Schwein oder ein schwarzweißer Kuh-Handtuchhalter.

Natürlich dürfen Motive für das Kinderzimmer nicht fehlen: Mit der Bärengarderobe sind Kleider gut aufgehoben, bunte Dosen mit Tierköpfen halten Ordnung, und das Nilpferd passt auf Stifte und Notizzettel auf.

Was wäre die Weihnachtszeit ohne stimmungsvolle Dekorationen? Lustige Elche, ein Schneemann mit Klangspiel und Engel mit Teelichtern sorgen für stimmungsvolles Ambiente.

Ob als origineller Blickfang für Wohnung, Garten oder Eingangsbereich, als nützlicher Helfer in Küche und Kinderzimmer oder als ausgefallenes Geschenk – diese schönen Motive aus Holz kommen garantiert gut an!

Viel Spaß beim Sägen und Bemalen und viel Freude an Ihren fertigen Arbeiten wünschen

Erika Eder

M. Dawidowski

Ingrid Moras

Material & Technik

Holz und Holzleim

Sperrholz ist besonders für Anfänger gut geeignet, da es sich leicht sägen lässt. Möchten Sie Ihr Motiv im Außenbereich anbringen, achten Sie darauf, dass sie wasserfest verleimtes Sperrholz oder Massivholz verwenden. Außerdem benötigen Sie, je nach Motiv, Rundhölzer, Holzleisten und Halbkugeln aus Holz. Zum Verbinden der Holzlagen verwenden Sie einen Holzleim, z. B. UHU coll.

Laubsäge oder Dekupiersäge

Zur Grundausstattung der Laubsäge gehören der Laubsägebogen, das Sägetischchen mit Schraubklemmen und Sägeblätter. Während sich Holzstärken von 6 mm noch gut von Hand sägen lassen, ist für dickeres Material eine elektrische Dekupiersäge besser geeignet. Diese gibt es in verschiedenen Ausstattungen in Werkzeugfachgeschäften oder Baumärkten. Die Sägeblätter immer mit den Zacken nach unten und vom Sägebogen weg zeigend einsetzen. Sie werden so gespannt, dass sie bei Gegendruck nur leicht nachgeben.

Farben und Lacke

Zum farbigen Gestalten Ihrer Holzmotive verwenden Sie am besten Acrylfarben, z. B. von C. Kreul. Feuchten Sie das Holz grundsätzlich vorher mit Wasser an. So werden unschöne Trockenränder vermieden, und fließende Farbübergänge gelingen besser, wenn die Stelle mehrmals mit einem Flachpinsel überstrichen wird. Acrylfarben sind mit Wasser verdünnbar und nach dem Trocknen wasserfest. Je nach Geschmack können Sie die Modelle mit unverdünnten oder mit stark verdünnten Farben bemalen. Bei verdünnten Farben bleibt die Holzstruktur sichtbar.
Figuren, die im Freien stehen sollen, nach dem Trocknen mit einem wetterfesten Lack bemalen oder besprühen.

Weitere Hilfsmittel

Transparentpapier, Bleistift, Kohlepapier zum Übertragen der Vorlagen, Schraubzwingen, Bohrmaschine, Holzbohrer in verschiedenen Durchmessern, Holzdübel, Schmirgelpapier (Körnung 150), Flachpinsel Nr. 12, spitze Pinsel Nr. 2 und Nr. 6, Wasserglas, Tuch.

Hinweis

Diese Materialien, Holzleim und eine Säge werden für alle Motive benötigt und deshalb nicht mehr aufgeführt.

Übertragen der Vorlagen

Die Vorlage mit Transparentpapier und Bleistift abpausen. Zeichnung auf das Holz legen, einen Bogen Kohlepapier dazwischenschieben und alle Linien noch einmal nachziehen.

Aussägen der Motive

Den Laubsägebogen mit sanftem Druck auf und ab bewegen, bzw. das Holz ganz leicht gegen das Sägeblatt der Dekupiersäge drücken. Immer gilt: Bei Kurvenschnitten nie die Säge drehen, sondern das Holz in die gewünschte Richtung schieben. Bei Zacken am besten zuerst von Spitze zu Spitze sägen, anschließend in zwei Schnitten den Zacken herausschneiden. Beim Zurückziehen des Sägeblatts durch den ersten Schnitt muss das Sägeblatt in Bewegung sein und das Holz immer so gedreht werden, dass das Sägeblatt nicht verbogen wird.
Bei Innenausschnitten zuerst in der Mitte des Ausschnitts ein Loch bohren, das ausgespannte Sägeblatt durch das Loch schieben und mit den Sägezähnen nach unten wieder einspannen. Das Motiv entlang der Umrisse aussägen, das Sägeblatt lösen, herausziehen und zum Weiterarbeiten wieder neu einspannen.

Bohren und Schmirgeln

Alle nötigen Bohrungen sind in den Vorlagen markiert. Kreuze zeigen die Bohrungen, die von der Fläche durch das Material hindurchgehen. Mit einem Pfeil gekennzeichnete Bohrungen führen etwa einen Zentimeter tief seitlich in das Holz. Beim Durchbohren von Holz immer einen Holzrest unterlegen, damit die Rückseite nicht ausfranst. Bei einigen Motiven wird die Bohrung schräg ausgeführt. Den Bohrer zunächst senkrecht aufsetzen und während des Bohrens den Bohrer in die gewünschte Richtung neigen.
Alle Kanten und Flächen mit Schmirgelpapier glätten. Dabei von der Fläche nach außen zur Sägekante hin schmirgeln. Den feinen Staub mit einem feuchten Tuch abwischen.

Holzverbindungen

Mit einem trockenen Tuch die Teile staubfrei wischen. Den wasserfesten Holzleim dünn über die gesamte, auf ein anderes Motivteil auftreffende Fläche verstreichen. Die Holzteile mit Schraubzwingen zusammenpressen. Dabei dünnes Holz oder dicke Pappe oben und unten dazwischenlegen, um Abdrücke zu vermeiden. Heraustretenden Leim sofort mit einem feuchten Tuch abwischen.
Werden Holzteile mit ihrer Kante auf eine Fläche gesetzt, ist es besser, diese mit Dübeln zu verbinden. Zwei Bohrungen in die Holzkante arbeiten, Markierungshilfen (so genannte Pins, in Baumärkten erhältlich) einsetzen und das Teil zur Probe auf der Fläche platzieren. Die Dornen der Pins markieren die Stellen für die Gegenbohrungen. Die Dübel mit Leim einsetzen, die Holzkante ebenfalls mit Leim bestreichen.

Für Eingang & Garten

Willkommen

Material

- Sperrholz, 10 mm, 22 x 23 cm
- Zierleiste, 1,5 cm breit, 35 cm lang
- Acrylfarben in Olivgrün, Grün, Goldgelb, Schwarz, Rehbraun, Weiß, Hellgrau, Beige
- Krakelier-Lack
- 5 cm Draht, 0,9 mm Ø
- Nagel, 1 mm Ø
- Lackstift in Schwarz

Vorlagen 1 – 2
Vorlagebogen

1 Den Wichtel mit Schild und die Hände aussägen. Alle Kanten mit Schmirgelpapier glätten. Für den Schwanz der Maus mit dem Nagel ein Loch in den Hutrand schlagen.

2 Das Schild in Rehbraun grundieren, nach dem Trocknen Krakelier-Lack auftragen und gemäß Herstellerangaben trocknen lassen. Anschließend hell überstreichen. Den Wichtel bemalen.

3 Die Wichtel-Hände auf das Schild leimen und den Draht als Schwanz der Maus in das Loch kleben. Die Schrift mit dem Lackstift auftragen. Zum Schluss am Schild die Zierleiste als Stab befestigen.

Lustige Raben

Material

Briefkasten-Raben
- US-Mailbox
- Holzplatte, 13 mm, 42 x 44 cm
- Acryl-Mattfarben in Ultramarinblau, Türkis, Karmin, Orange, Moosgrün, Weiß, Schwarz, Metallic-Silber

Namensschild
- Sperrholz, 8 mm, 32 x 40 cm
- Stahldraht, 3 mm ⌀
- Acryl-Mattfarben in Türkis, Ultramarinblau, Orange, Karmin, Weiß, Schwarz, Metallic-Silber, Maigrün, Moosgrün
- transparenter Nylonfaden

Vorlagen 3 - 4

Vorlagebogen

Briefkasten-Raben

Die beiden Raben sowie die beiden Flügel aus 13-mm-Holz sägen, sauber schmirgeln, die Details aufleimen und alles deckend mit unverdünnten Acrylfarben bemalen. Eventuell noch zusätzlich lackieren.

Namensschild

Den Raben und die Ziffern aus 8-mm-Sperrholz sägen, gründlich glätten und mit verdünnten Acrylfarben bemalen, damit die Holzstruktur sichtbar bleibt. Nach Wunsch die Details mit Schwarz konturieren. Löcher durch den Schnabel und die Ziffern bohren. Mit transparenten Fäden Ziffern und Schnabel miteinander verbinden.

Schlafwandler

Material

- Sperrholz, 12 mm, 17 x 25 cm
- Acrylfarben in Weiß, Goldgelb, Enzianblau, Schwarz
- Alu-Draht, 2 mm Ø
- Alu-Blech, 0,5 mm, 7 x 7 cm
- 1 Teelichtglas
- 1 Teelicht
- Seitenschneider

Vorlage 5
Seite 62

1 Nach der Vorlage 5 den Schlafwandler aussägen. Mit Acrylfarben bemalen.

2 Mit dem Draht einen Ring um das Teelichtglas biegen, die Enden zusammendrehen. Ein weiteres Stück Draht zu einem Bügel mit Schlaufe formen und die Enden an dem Ring befestigen.

3 Aus dem Alublech einen Kreis von 6 cm Durchmesser schneiden und einmal bis zur Mitte einschneiden. Den Blechkreis als Hitzeschutz unterhalb der Schlaufe über den Bügel schieben.

4 Den Schlafwandler am ausgewählten Platz mit doppelseitigem Klebeband oder Dübeln befestigen.

Apfel-Katze

1 Den Kopf aus 6-mm-Sperrholz, den Körper aus 12-mm- Sperrholz (Vorlage 6) sägen.

2 Die Vorderpfoten mit dem 4-mm-Bohrer ganz durchbohren, die hinteren Pfoten mit dem 3-mm-Bohrer 5 mm tief anbohren.

3 Körper und Kopf mit Acrylfarben bemalen. Den Kopf mit Leim auf dem Körper platzieren.

4 Die Ringschrauben an den hinteren Pfoten eindrehen, durch die Vorderpfoten den Schaschlikspieß stecken.

Material

- Sperrholz, 12 mm, 18 x 37 cm
- Sperrholz, 6 mm, 10 x 10 cm
- Acrylfarben in Weiß, Antique, Rosé, Schwarz
- 2 Ringschrauben, 3 x 8 mm
- 1 Schaschlikspieß
- Vogelfutter
- Bohrer, 3 mm Ø, 4 mm Ø

Vorlage 6
Vorlagebogen

Kräuter-Wichtel
Abbildung & Materialangaben Seite 18/19

Nach den Vorlagen die Wichtel aussägen und an den markierten Stellen für den Stab jeweils ein Loch bohren. Alle Kanten mit Schmirgelpapier glätten. Mit Acrylfarben bemalen und mit Klarlack überziehen. Nach dem Trocknen die Namen für die Kräuter jeweils mit dem Pluster-Pen aufmalen. Das Messingrohr mit einem Seitenschneider in zwei 15 cm lange Stücke teilen, mit Heißkleber in den Bohrungen befestigen.

Kräuter-Wichtel

Material
für zwei Wichtel

- Sperrholz, 6 mm, 17 x 20 cm
- Messingrohr, 3 mm Ø, 30 cm lang
- Acrylfarben in Gelb, Grün, Flieder, Violett, Schwarz
- Pluster-Pen in Gelb, Grün
- Bohrer, 3 mm Ø
- Seitenschneider
- Heißkleber

Vorlagen 7 - 8
Seite 63

Anleitung Seite 16

Tisch- und Raumdeko

Kerzen-Tiere

Material

Glühwürmchen
- Sperrholz, 8 mm, 19 x 28 cm
- Acrylfarben in Zitronengelb, Lemon, Maigrün, Orange, Weiß, Schwarz

Katze
- Sperrholz, 4 mm, 9 x 9 cm,
- Sperrholz, 8 mm, 10 x 37 cm
- Golddraht, 0,6 mm Ø
- Acrylfarben in Goldgelb, Orange, Weiß, Schwarz, Dunkelbraun, Hellgrün
- Kraftkleber

Vorlagen 9 - 10
Seite 64 - 65

Glühwürmchen

1 Die Figur, die Bodenplatte, den Boden für die Kerze sowie vier kleine Stücke als Begrenzung des Kerzenlichtes fertigen. Aus der Bodenplatte ein Rechteck aussägen (Anleitung siehe Seite 8/9). Die Figur in der Bodenplatte mit Leim befestigen.

2 Die Begrenzungen für die Kerze auf den achteckigen Boden leimen, den Boden auf dem Rücken des Käfers befestigen. Alles mit Acrylfarbe bemalen.

Tipp

Wer sich die Arbeit mit dem Aussägen der Rechtecke in der Bodenplatte sparen will, kann die Figur ohne Fußverlängerung aussägen und aufleimen; dann zur Sicherheit mit zwei Stiftnägeln verbinden.

Katze

1 Die Katze und den äußeren Rand des Kerzenlichtes aus 8-mm-Holz, den Boden für das Kerzenlicht aus 4-mm-Holz sägen. Den Kopf anleimen, den äußeren Rand auf der Bodenplatte befestigen. Den vorderen Fuß in das ausgesägte Stück des Kerzenlichtes einleimen.

2 Alles mit Acrylfarben bemalen. Nach Wunsch Löcher in die Schnauze bohren (0,6 mm Ø) und Golddraht als Schnurrhaare mit Kraftkleber befestigen.

Windlichter

Material

Elefant
- Sperrholz, 4 mm, 22 x 24 cm
- Holzleiste, 10 x 10 mm
- Acryl-Mattfarben in Türkis, Ultramarinblau, Weiß, Schwarz, Metallic-Silber

Schildkröte
- Sperrholz, 4 mm, 20 x 30 cm
- Holzleiste, 10 x 10 mm
- Acryl-Mattfarben in Moosgrün, Rehbraun, Metallic-Gold, Schwarz, Weiß

Vorlagen 11 - 12
Seite 66

1 Für beide Windlichter das Tier jeweils viermal aussägen, für die Elefanten separat je ein Ohr und einen Stoßzahn. Die vier Lagen deckungsgleich übereinander legen, so festhalten und auf einer Holzplatte platzieren. Mit der Kleinbohrmaschine senkrecht die Löcher (2 mm ⌀) durch alle Lagen bohren. Alles schmirgeln. Für jedes Windlicht vier 10 mm lange Würfel von der Holzleiste abschneiden.

2 Bei den **Elefanten** die Ohren und Stoßzähne aufleimen. Die Elefanten so zum Viereck anordnen, dass je ein Rüssel bündig mit der 4-mm-Seite eines Hinterfußes abschließt. Die aufeinander treffenden Flächen zusammenleimen. Mit den Holzwürfeln innen die Ecken verstärken.

3 Die hintere Schmalseite der einen **Schildkröte** jeweils mit der anderen Schildkröte so zusammenleimen, dass der Kopf übersteht. Innen die Ecken mit je einem aufgeleimten Holzwürfel stabilisieren.

4 Die Tischlichter mit Acrylfarben bemalen. Ein Teelicht mit Glashülle in die Mitte des Tischlichtes stellen.

Tisch-Deko

Material

Schmetterlinge

- Sperrholz, 4 mm, 13 x 25 cm
- Golddraht, 0,6 mm Ø
- Acrylfarben in Türkis, Lemon, Schwarz, Weiß, Gold
- Reagenzglas, 30 mm Ø
- Kraftkleber

Schildkröte

- Sperrholz, 4 mm, 80 x 80 cm
- Sperrholz, 8 mm, 12 x 15 cm
- Acrylfarben in Weiß, Schwarz, Goldgelb, Ocker, Orange, Zitronengelb, Maigrün, Hellgrün

Vorlagen 13 - 15
Seite 66 - 68

Schmetterlinge

1 Zuerst die Umrisse, dann die Innenkreise aussägen (Anleitung siehe Seite 8/9). Alles schmirgeln.

2 Die Schmetterlinge mit Acrylfarben bemalen. Zunächst mit verdünnten Farben grundieren. Dann mit Schwarz die Ränder und die Gesichter aufmalen.

3 Die Fühler aus Golddraht formen, Löcher bohren (0,6 mm Ø) und die Fühler mit Kraftkleber befestigen.

Tipp

Mit einem Reagenzglas als Blumenvase kann der Schmetterling auch schräg auf den Tisch gestellt werden.

Schildkröte

1 Den Körper und vier Zwischenlagen aus 8-mm-Holz, die sechs Teile für den Panzer und die Bodenplatte mit Füßen aus 4-mm-Holz aussägen und die Kanten glätten. Mit verdünnten Acrylfarben bemalen.

2 Die Teile des Panzers jeweils mit einer Zwischenlage aufeinander leimen. Dabei den Körper in der Mitte platzieren. Zuletzt die Schildkröte auf die Bodenplatte leimen.

Urlaubserinnerungen

Material

Bilderrahmen
- Sperrholz, 8 mm, 4 mm, je 26 x 32 cm
- Acryl-Mattfarben in Maigrün, Türkis, Ultramarinblau
- Klebeaufhänger
- Klebeband

Seepferdchen
- Sperrholz, 8 mm, 18 x 37 cm
- Acryl-Mattfarben in Goldgelb, Maigrün, Türkis, Schwarz, Weiß
- Klebeaufhänger
- Heiß- oder Kraftkleber

Vorlagen 16 – 17

Vorlagebogen

Bilderrahmen

Das Blatt aus dem 8 mm starken Holz sägen, die Abdeckplatte für die Rückseite aus 4-mm-Holz. Für jeden Bild-Innenausschnitt zunächst ein Loch bohren, das ausgespannte Sägeblatt durch das Loch schieben und mit den Sägezähnen nach unten wieder einspannen. Den Bildausschnitt aussägen, das Sägeblatt lösen, herausziehen und wieder neu einspannen. Den Rahmen schmirgeln und bemalen. Fotos mit Klebeband an den Ausschnitten befestigen. Die Rückseite ebenfalls ankleben.

Seepferdchen

Alle Teile aussägen, schmirgeln und die Rundbögen aufleimen. Mit Acrylfarben bemalen. Die „Urlaubsschätze" am besten mit Heiß- oder Kraftkleber in den Feldern des Seepferdchens befestigen.

Blumenstecker

Material

Vogelscheuche
- Sperrholz, 4 mm, 14 x 20 cm
- kleine Holzmaus in Weiß
- Papierkordel in Gelb
- Stieldraht, 1,2 mm Ø
- Baumwollgarn
- Acrylfarben in Zitronengelb, Orange, Karmin, Ocker, Weiß, Schwarz, Maigrün, Hellgrün
- Kraftkleber

Schnecke
- Sperrholz, 4 mm, 9 x 14 cm
- Stieldraht, 1,2 mm Ø
- Acrylfarben in Zitronengelb, Maigrün, Hellgrün, Kobaltblau, Orange, Weiß, Schwarz
- Kraftkleber

Vorlagen 18 - 19
Vorlagebogen

Vogelscheuche

1 Die Figur und den aufgesetzten Hutrand aussägen und nach dem Schmirgeln aufeinander leimen. Nach Wunsch zwei Herzen aussägen. Alles mit Acrylfarben bemalen.

2 Die Herzen durchbohren und mit Garn um den Hals binden. Die Holzmaus aufkleben. Für den Stieldraht und die „Hände" aus Papierkordel Löcher bohren (1,2 mm Ø); alles in die Löcher einkleben. Die Papierkordel auffächern und einschneiden.

Schnecke

Die Schnecke aussägen und mit Acrylfarben bemalen. Am Ende der Schnecke ein Loch für den Stieldraht bohren (1,2 mm Ø) und den Draht einkleben.

Schweinchen

Material

- Sperrholz, 20 mm, 20 cm x 25 cm
- Sperrholz, 10 mm, 11 cm x 33 cm
- Sperrholz, 6 mm, 7 cm x 12 cm
- 2 Holzdübel, 6 mm ⌀
- etwas Draht
- Acrylfarben in Rosé, Weiß, Schwarz, Hellgrau, Enzianblau, Hellbraun
- Stoff, 8 x 22 cm
- Blumendraht
- kleine Blütenzweige
- Zinkeimer, 5,5 cm ⌀
- Bohrer, 2 und 6 mm ⌀
- Zackenschere
- Heißkleber

Vorlagen 20 – 21

Vorlagebogen

1 Kopf und Körper aus 20 mm starkem Holz sägen, Nase, Arme und Standfläche (21) aus 10 mm starkem Holz. Die Bohrungen für die Arme mit dem 2-mm-Bohrer ausführen, für die Dübel den Körper und die Grundplatte mit dem 6-mm-Bohrer vorbohren. Vier Zaunlatten von 1,5 x 12 cm aus dem 6 mm starken Holz sägen und zusammenleimen.

2 Den Kopf leicht nach vorn versetzt auf den Körper leimen. Die Arme mit Draht befestigen. Das Schweinchen auf der Standfläche fixieren und den Zaun dahinter leimen.

3 Als Haare drei Drahtstücke befestigen. Den Stoff zum Dreieck schneiden und um den Hals binden. Den Eimer mit den Zweigen dekorieren.

Nützliche Helfer

Küchen-Kühe

Material

Geschirrtuchhalter
- Sperrholz, 10 mm, 25 x 43 cm
- 2 Scheibenmagnete, 14 mm ⌀
- Messing-Schraubhaken, 30 mm
- Acrylfarben in Weiß, Schwarz, Rosé, Altrosa, Gold
- Kraftkleber

Haushaltskasse
- Rundstab, 30 mm ⌀
- Holz-Truhe, 13 x 9 x 9 cm
- Papierkordel in Weiß
- Sperrholz, 10 mm, 14 x 14 cm
- Acrylfarben in Weiß, Schwarz, Rosé, Altrosa, Gold
- Kraftkleber

Vorlagen 22 - 23

Vorlagebogen

Geschirrtuchhalter

1 Die Kuh und das aufgesetzte Maul aussägen und nach dem Schmirgeln aufeinander leimen. Die Figur mit Acrylfarben bemalen. Einen Scheibenmagneten mit Kraftkleber auf dem Körper fixieren, der zweite Magnet hält die Zettel fest.

2 Vor dem Eindrehen der Schraubhaken Löcher bohren; der Durchmesser des Bohrers muss kleiner sein als der des Hakens.

Haushaltskasse

1 Den Kopf aussägen, glatt schmirgeln und an die untere Schachtelhälfte (Deckel öffnen!) leimen. Den Deckel hinter dem Kopf so abschleifen, dass er sich schließen lässt.

2 Vier 2,5 cm lange Stücke vom Rundstab abschneiden und an die Unterseite der Schachtel als Füße leimen. An der Deckelseite zwei Löcher bohren, je zwei Stücke aus Papierkordel einkleben und zum Schwanz flechten. Die Kuh mit Acrylfarben bemalen.

Zetteltiere

Material

Katze
- Holzplatte, 13 mm, 17 x 22 cm
- Aludraht, 2 x 10 cm, 2 mm ⌀
- 2 Krokodilklemmen
- Acryl-Mattfarben in Rehbraun, Metallic-Gold, Weiß, Schwarz
- Rosenkranzzange
- Sekundenkleber

Frösche
- Holzplatte, 13 mm, 18 x 19 cm
- Aludraht, 2x 10 cm, 2 mm ⌀
- 2 Krokodilklemmen
- Acryl-Mattfarben in Maigrün, Moosgrün, Weiß, Schwarz
- Ringschraube
- Zugfeder, 20 cm, 9 mm ⌀
- Rosenkranzzange
- Sekundenkleber

Vorlagen 24 - 25
Seite 69

Katze

Die Katze, den Kopf und den Brustfleck aussägen, die Details aufleimen und alles bemalen. Zwei Löcher am unteren Rand bohren (2 mm ⌀). An zwei jeweils 10 cm langen Aludrähtnje eine Krokodilklemme mit einer Zange festklemmen. Die Drähte in die Löcher stecken und mit Sekundenkleber fixieren.

Frosch

Für den Frosch alle Teile aussägen und schmirgeln. Den Bauch hinten, die „Arme" vorne aufleimen, den kleinen Kopf auf dem Bauch fixieren. Alles bemalen. Die Krokodilklemmen-Beine wie bei der Katze arbeiten. Oben eine Ringschraube eindrehen und die Zugfeder einhängen.

Tipp

*Beide Tiere können sowohl
als „Springmerker"
mit einer Zugfeder als auch als
„Türklinken-Botschafter"
verwendet werden.*

34

Igel-Pinnwand

Material

- Sperrholz, 4mm, 37 x 41 cm
- Korkscheibe, 1 cm stark, 25,5 cm Ø
- Arcylfarben in Goldgelb, Ocker, Dunkelbraun, Schwarz, Weiß
- Pinnwand-Nadeln
- Kraftkleber
- starker Nylonfaden

Vorlage 26

Vorlagebogen

1 Den Igel und zwei Füße aussägen und schmirgeln. Den Mund bis zur Wange einsägen. Dann das Sägeblatt aus dem Schnitt zurückziehen und dabei ständig auf und ab bewegen.

2 Den Igel mit Acrylfarben bemalen. Für die Augen mit dem großen weißen Kreis beginnen, dann immer etwas kleiner den braunen, schwarzen und weißen Kreis aufmalen. Dazwischen die Farben gut trocknen lassen.

3 Oben ein Loch für die Aufhängung bohren, den starken Nylonfaden befestigen und die Korktafel aufkleben. Zum Schluss die Füße anbringen.

Tipp

Die Korkscheibe können Sie auch selbst herstellen: Auf eine schnittfeste Unterlage eine Korkplatte und darauf einen großen Teller legen. Mit dem Cutter entlang der Tellerkante ausschneiden.

Schuhputz-Schwein

Material

- Sperrholz, 12 mm, 40 x 40 cm
- Sperrholz, 6 mm, 15 x 16 cm
- Rundholz, 12 mm Ø
- 1 Holzkugel, 45 mm Ø
- 8 Holzdübel, 8 mm Ø
- Acrylfarben in Weiß, Antique, Rosè, Hellgrau, Hellbraun, Schwarz
- Blumendraht
- „Pins" (Markierungshilfen)
- 2 Schrubberbürsten
- Bohrer, 3 mm Ø, 8 mm Ø, 12 mm Ø
- Seitenschneider

Vorlagen 27 - 28

Vorlagebogen

1 Körperteile, Arme und Grundplatte aus 12-mm-Holz sägen, die Nase und die Füße aus 6-mm-Holz.

2 Bohrungen für die Arme mit dem 3-mm-Bohrer ausführen, die übrigen Bohrungen für die Dübel mit dem 8-mm-Bohrer. Alle Teile schmirgeln und bemalen.

3 Die Bohrungen mit Hilfe von „Pins" auf einen Schrubber übertragen, um diesen zwischen die Körperteile setzen zu können. Ebenso den Körper und den zweiten Schrubber auf der Bodenplatte fixieren.

4 Am Rücken des Schweinchens in den Schrubber eine schräge Bohrung von 12 mm Durchmesser arbeiten, das Rundholz einsetzen. Das andere Ende des Rundholzes anspitzen und eine Holzkugel aufleimen.

5 Das Nasenteil mit Leim fixieren. Die Füße vor die Bodenplatte leimen. Die Arme mit Draht am Körper befestigen.

Alltagshilfen

Material

Frosch
- Sperrholz, 4 mm, 42 x 42 cm
- Tafel-Folie, 30 x 20 cm, selbstklebend
- Tafelkreide
- grüne Vielzweckschnur
- Acrylfarben in Maigrün, Hellgrün, Schwarz, Weiß

VW-Käfer
- Sperrholz, 10 mm, 20 x 35 cm
- 4 Messing-Schraubhaken, 30 mm
- Acrylfarben in Karmin, Türkis, Weiß, Schwarz, Silber, Rosé, Kobaltblau, Maigrün

Krokodil
- Sperrholz, 4 mm, 16 x 42 cm
- Holzleiste, 40 x 1 cm
- Acrylfarben in Hellgrün, Weiß, Schwarz, Zitronengelb

Vorlagen 29 - 31
Vorlagebogen

Frosch

Den Frosch sowie zwei „Hände" aussägen. Nach dem Schmirgeln alles mit Acrylfarbe bemalen. Die Bauchfläche aus Tafel-Folie ausschneiden und aufkleben. Die „Hände" links oben und rechts unten aufleimen. Kreide mit einer Schnur am Finger anbinden.

VW-Käfer

1 Das Auto und die beiden aufgesetzten Kotflügel aussägen und aufeinander leimen. Das Auto mit Acrylfarben bemalen; die Fensterflächen mit stark verdünntem Türkis andeuten.

2 Für die Messinghaken Löcher vorbohren; der Durchmesser des Bohrers muss kleiner als der des Hakens sein.

Krokodil

1 Das Krokodil zweimal, das Schwanzende einmal aussägen und die Kanten glätten. Die Schwanzspitze aufleimen. Alles mit Acrylfarbe bemalen.

2 Von einer Holzleiste fünf Abschnitte absägen: 15 cm, 5,5 cm, 2 x 7 cm, 5 cm. Die Leistenstücke als Abstandhalter jeweils mit den Schmalseiten zwischen beiden Lagen des Krokodils festleimen (siehe Vorlage).

Für den Schreibtisch

Material

Notizzettelhalter
- Sperrholz, 8 mm, 20 x 30 cm
- Holzleiste, 10 x 20 mm, 10,3 cm lang
- Aludraht, 2 mm ⌀
- Krokodilklemme
- Acryl-Mattfarben in Schwarz, Weiß, Metallic-Silber

Pinguin-Handyhalter
- Sperrholz, 8 mm, 17 x 26 cm
- Acryl-Mattfarben in Schwarz, Weiß, Karmin, Metallic-Silber

Seehund-Handyhalter
- Sperrholz, 8 mm, 16 x 27 cm
- Acryl-Mattfarben in Metallic-Silber, Türkis, Karmin, Schwarz, Weiß
- Aludraht, 2 mm ⌀

Hilfsmittel
- Rosenkranzzange
- Rundstab, ca. 10 mm ⌀

Vorlagen 32 - 34

Seite 70 - 71

Notizzettelhalter

Die Pinguine aussägen, schmirgeln und bemalen. Die Holzleiste mit der breiten Seite als Boden zwischen die Pinguine leimen. In die Flügel je ein Loch bohren. Aus einem 20 cm und einem 60 cm langen Draht die Metallelemente formen. Dabei die kleinen Windungen mit einer Rosenkranzzange drehen, die größeren über einem Rundstab formen. Auf das kurze Stück eine Krokodilklemme mit der Zange fixieren. Den langen Draht mit einer kleinen flachen Spirale beenden, die vom Drahtende her geformt wird. Die Drähte in den Löchern befestigen.

Handyhalter

Alle Teile für die Handyhalter aussägen, sauber schmirgeln, zusammenleimen und bemalen. Beim Seehund-Kopf seitlich je zwei Löcher (2 mm ⌀) bohren und die aus 12 bis 15 cm langen Aludrähten geformten flachen Spiralen einschieben bzw. -kleben. Die Schnurrhaare auf der Vorderseite des Kopfes mit silberfarbener Acrylfarbe weiterzeichnen.

Fürs Kinderzimmer

Tier-Dosen

Material

Glücksschwein
- Sperrholz, 8 mm, 9 x 16 cm
- 4 Halbkugeln aus Holz, 30 mm Ø
- Aludraht, 15 cm, 2 mm Ø
- Acryl-Mattfarben in Pink, Rosé, Schwarz, Weiß

Nilpferd
- Sperrholz, 8 mm, 10 x 13 cm
- 4 Halbkugeln aus Holz, 30 mm Ø
- Acryl-Mattfarben in Türkis, Rosé, Schwarz, Weiß

Katze
- Sperrholz, 8 mm, 10 x 24 cm
- Holzleiste, 10 x 20 mm
- Acryl-Mattfarben in Weiß, Schwarz, Metallic-Gold, Rehbraun, Rosé, Pink
- Golddraht, 0,8 mm Ø

Alle
- Holztruhe, 13 x 9 x 9 cm

Vorlagen 35 - 37
Seite 72

1 Der Körper besteht bei allen Tieren aus einer fertigen Holztruhe. Alle Köpfe und Schwänze aussägen, gut schmirgeln und auf der unteren Hälfte der Truhe aufleimen.

2 Den Schwanz des Glücksschweins aus einem 15 cm langen Aludraht spiralförmig drehen und in einem gebohrten Loch (2 mm Ø) befestigen. Als Füße beim Schwein und Nilpferd Halbkugeln aufleimen, bei der Katze Holzleisten, deren Enden abgerundet sind. Alles mit Acrylfarben bemalen.

44

Lustige Spiegel

Material

Kantenhocker
- Sperrholz, 10 mm, 14 x 21 cm
- Acrylfarben in Schwarz, Weiß, Orange, Karmin, Lemon
- Federn in Grau, Schwarz

Spiegelgeist
- Sperrholz, 4 mm, 18 x 27 cm
- Golddraht, 0,6 mm ⌀
- Holzkugeln, 1,5 cm ⌀
- Spiegelfliese, 15 x 15 cm
- Transparent-Nähfaden
- Acrylfarben in Rosé, Schwarz, Weiß, Türkis, Blau, Hellgrün, Gelb
- Doppel-Klebeband
- Kraftkleber

Entchen
- Sperrholz, 4 mm, 23 x 31 cm
- Federn in Hellgrün
- Spiegelfliese, 15 x 15 cm
- Acrylfarben in Zitronengelb, Maigrün, Orange, Schwarz, Weiß, Hellgrün
- Doppel-Klebeband
- Kraftkleber

Vorlagen 38 – 40

Vorlagebogen

Kantenhocker

Den Körper und den Kopf aussägen und aufeinander leimen. Mit Acrylfarben bemalen. Drei Löcher für die Schwanzfedern bohren. Die Federn mit dem Kiel einkleben.

Spiegelgeist

1 Die Grundplatte mit Kopf und Beinen sowie die beiden Hände aussägen. Die Spiegelfliese mit einem beidseitig klebenden Band befestigen.

2 Alles mit Acrylfarben bemalen. Die Hände auf dem Spiegel mit Doppel-Klebeband fixieren. Drei Löcher (0,6 mm ⌀) für die „Haare" aus Golddraht bohren, den Draht einkleben. Zwei Löcher in die Beine bohren und die Holzkugeln mit einem transparenten Faden an die Beine binden.

Entchen

1 Die Grundplatte mit Körper sowie den Kopf aussägen und mit Schmirgelpapier bearbeiten. Den Spiegel mit Klebeband auf der Grundplatte fixieren.

2 Alles mit Acrylfarben bemalen. Am Hinterkopf eine Feder fixieren, dann den Kopf am Spiegelrand mit Klebeband befestigen. Drei Löcher für die Schwanzfedern bohren (0,6 mm ⌀) und die Federn einkleben.

Tiere mit Punkten

Material

Bilderrahmen
- Sperrholz, 8 mm, 24 x 32 cm
- Sperrholz, 4 mm, 11 x 20 cm
- Acrylfarben in Zitronengelb, Orange, Weiß, Schwarz, Karmin

Marienkäfer
- Sperrholz, 10 mm, 13 x 20 cm
- Golddraht, 0,6 mm Ø
- Acrylfarben in Zitronengelb, Karmin, Schwarz, Weiß, Orange
- Kraftkleber

Vorlagen 41 - 43

Seite 73, Vorlagebogen

Bilderrahmen

1 Den Rahmen mit dem Geparden aus 8-mm-Holz sägen. Den Innenausschnitt, wie auf Seite 9 beschrieben, aussägen und die Kanten glätten. Die aufgesetzten Beine und den unteren Geparden-Kopf aus 4-mm-Holz sägen und aufleimen.

2 Alles mit Acrylfarben bemalen. Auf der Rückseite schmale 4-mm-Holz-Streifen als Rahmen für das Foto aufleimen.

Marienkäfer

Den Körper und den Kopf aussägen und glatt schmirgeln. Zwei Löcher für die Fühler aus Golddraht bohren (0,6 mm Ø) und den Draht mit Kraftkleber befestigen. Die Kantenhocker mit Acrylfarben bemalen.

Nilpferd mit Stiften

Material

- Sperrholz, 10 mm, 15 x 20 cm
- Sperrholz, 4 mm, 8 x 27 cm
- Acrylfarben in Pastellblau, Enzianblau, Aprikose, Orange, Rot, Schwarz, Goldgelb, Weiß
- 2 Stiftnägel, 1 mm x 15 mm

Vorlagen 44 - 45

Seite 73,

Vorlagebogen

1 Das Nilpferd aus dem 10 mm starken Sperrholz sägen, das Nasenteil und die Einzelteile für den Stiftbehälter aus dem 4 mm starken Sperrholz. Alle Kanten glätten und das Nasenteil aufleimen.

2 Den Stiftbehälter gemäß Skizze (45, Seite 73) zusammensetzen, dabei das vordere Brettchen mit Stiftnägeln fixieren. Alle Teile bemalen. Nach dem Trocknen der Farben das Nilpferd mit Leim an dem Stiftbehälter befestigen.

Tierische Helfer

Material

Magneten-Tiere
- Sperrholz, 4 mm, 17 x 22 cm
- Golddraht, 0,6 mm ⌀
- Scheibenmagnete, 1,3 cm ⌀
- Acrylfarben in Weiß, Schwarz, Türkis, Rosé, Ocker, Karmin, Orange, Maigrün, Dunkelbraun
- Kraftkleber

Lustige Lesezeichen
- Sperrholz, 4 mm, 15 x 17 cm
- Bastelhölzer, 150 x 20 mm
- Stieldraht, 1,2 mm ⌀
- Golddraht, 0,6 mm ⌀
- Acrylfarben in Lemon, Türkis, Kobaltblau, Mintgrün, Violett, Weiß, Schwarz, Maigrün, Hellgrün, Karmin, Zitronengelb, Orange
- Kraftkleber

Vorlagen 46 - 56

Seite 74

Magneten-Tiere

1 Die Figuren aussägen, die Kanten glätten und mit Acrylfarben bemalen.

2 Für die Fühler des Schmetterlings und den Schwanz des Schweins Golddraht über einer Stricknadel zur Spirale drehen. Löcher (0,6 mm ⌀) bohren und Fühler und Schwanz einkleben.

3 Mit einem Kraftkleber auf der Rückseite der Figuren jeweils einen Magneten befestigen.

Lustige Lesezeichen

1 Die Einzelteile der Figuren aussägen, schmirgeln und mit Stieldraht verbinden; dazu Löcher bohren (1,2 mm ⌀) und die Drahtstücke einkleben. Für die Fühler Löcher (0,6 mm ⌀) bohren. Den Golddraht spiralförmig verdrehen und einkleben.

2 Je zwei Bastelhölzer etwas versetzt am oberen Ende aufeinander leimen. Die Figur aufkleben. Alles mit Acrylfarben bemalen.

Niedliche Bären

Material

Kleiderhaken
- Sperrholz, 10 mm, 34 x 48 cm
- Messing Schraubhaken, 50 mm
- Acrylfarben in Dunkelbraun, Weiß, Schwarz, Karmin, Zitronengelb, Maigrün

Namensschild
- Sperrholz, 10 mm, 30 x 34 cm
- Acrylfarben in Dunkelbraun, Weiß, Schwarz, Karmin, Zitronengelb, Maigrün, Moosgrün

Vorlagen 57 - 58
Vorlagebogen

Kleiderhaken

1 Das Brett mit den Körpern sowie die Köpfe mit Armen aussägen und nach dem Schmirgeln aufeinander leimen.

2 Bären dunkelbraun bemalen. Dabei für die Köpfe und die Arme das Dunkelbraun stärker verdünnen als für die Körper. Das Brett mit verdünntem Maigrün grundieren, nach Wunsch Blüten mit unverdünnten Farben aufmalen.

3 Vor dem Einschrauben der Haken Löcher bohren. Der Durchmesser des Bohrers muss geringer sein als der des Hakens. Wer schwere Kleidungsstücke aufhängen will, sollte Aufhänger mit zwei Schrauben wählen.

Namensschild

Das Namensschild in der gleichen Weise wie die Kleiderhaken arbeiten. Gesichter, Blüten und Buchstaben mit unverdünnten Farben aufmalen.

Frohe Weihnachten

Lustige Elche

Material

für einen Elch
- Sperrholz, 6 mm, 12 x 18 cm
- Sperrholz, 10 mm, 19 x 21 cm
- Blumenbindedraht, lackiert, 0,65 mm
- Holzperle in Rot, 12 mm
- Acrylfarben in Beige, Rehbraun, Dunkelgrün, Schwarz, Weiß
- Stoffrest in Rotweiß kariert

Vorlage 59
Seite 75

1 Die Motive von der Vorlage übertragen und aussägen. Beige mit Rehbraun mischen, Köpfe und Körper grundieren.

2 Rehbraun mit dem Pinsel aufnehmen, Farbe vom Pinsel fast vollständig abstreifen und mit der verbliebenen Farbe die Körper betonen. Hände, Füße und Geweih in Rehbraun grundieren. Mit wenig Beige die Ränder betonen. Gesichter aufmalen.

3 Die Bohrungen an den markierten Stellen ausführen. Die Holzperle mit Hilfe eines Seitenschneiders vorsichtig halbieren und als Nasen fixieren. Glocke und Tannenbaum ausgestalten.

4 Hände und Füße an die Körper drahten. Köpfe auf Geweihe und Körper leimen. Die Schals umbinden, Tannenbaum und Glocke mit Leim fixieren.

Engel & Sterne

Material

für einen Engel

- Sperrholz, 6 mm, 9 x 21 cm
- Sperrholz, 10 mm, 14 x 17 cm
- Holzkugel, 40 mm Ø
- Blumenbindedraht, 0,65 mm
- Metallglöckchen, 11 mm
- Metallfaser in Gold
- Acrylfarben in Elfenbein, Beige, Krapplack, Dunkelblau
- 2 Holzdübel, 4 mm

für einen Stern

- Leimholz, 18 mm, 14 x 15 cm
- Votivgläser
- Teelichter
- Lärchengirlande
- Bouillondraht in Gold
- Bast in Natur
- Anissterne
- Acrylfarben in Elfenbein, Gold oder Krapplack
- Krakelier-Lack

Vorlagen 60 - 61

Seite 76

Anleitung Seite 60

Material

- Sperrholz, 4 mm, 12 x 26 cm
- Sperrholz, 8 mm, 14 x 18 cm
- Blumenbindedraht, 0,65 mm
- Holzkugel, 40 mm Ø
- Klangspiel
- Nylonband
- Stoffrest in Grünweiß kariert
- Acrylfarben in Weiß, Orange, Rot, Dunkelgrün, Schwarz
- Messing-Ringschraube, 8 x 3 mm

Vorlage 62
Seite 77

Musikalischer Schneemann

1 Den Schneemann aussägen und bemalen. Das Gesicht aufmalen. Die Wangen mit wenig Rot betonen. Die Teile der Abbildung entsprechend aufeinander leimen. Die Umrisse von Händen, Schal und die Hutbordüre auf den Stoff übertragen, ausschneiden und aufkleben.

2 Die Ringschraube für den Aufhängefaden mittig in den Kopf schrauben. Löcher für die Aufhängung der Schneekugel in die Hände bohren. Die Schneekugel andrahten und die Klangstäbe mit Nylonfäden festbinden.

Engel & Sterne
Abbildung & Materialangaben Seite 58/59

Die Motivteile für die **Engel** aussägen. Die Holzkugel in Beige grundieren und das Gesicht aufmalen. Körper und Flügel bemalen. In den Kragen und in die Standfläche des Kleides senkrecht ein Loch (4 mm) für den Dübel bohren, ebenfalls in die Stellfläche. Dübel hineinstecken. Körper und Stellfläche verbinden. Die Metallfasern bündeln und mit Draht zusammenbinden. Die Drahtenden durch die Bohrung der Kugel führen und um den Dübel wickeln. Kopf aufstecken und mit Leim fixieren.

Die **Sterne** aussägen. Einen Kreis für das Glas aufzeichnen und aussägen (Seite 9). Die Sterne mit Goldfarbe grundieren. Krakelier-Lack auftragen, trocknen lassen und mit Elfenbein oder Krapplack übermalen. Das Glas im Stern platzieren. Mit der Lärchengirlande und den anderen Accessoires verzieren.

Vorlagen

* nochmal einzeln aussägen

5

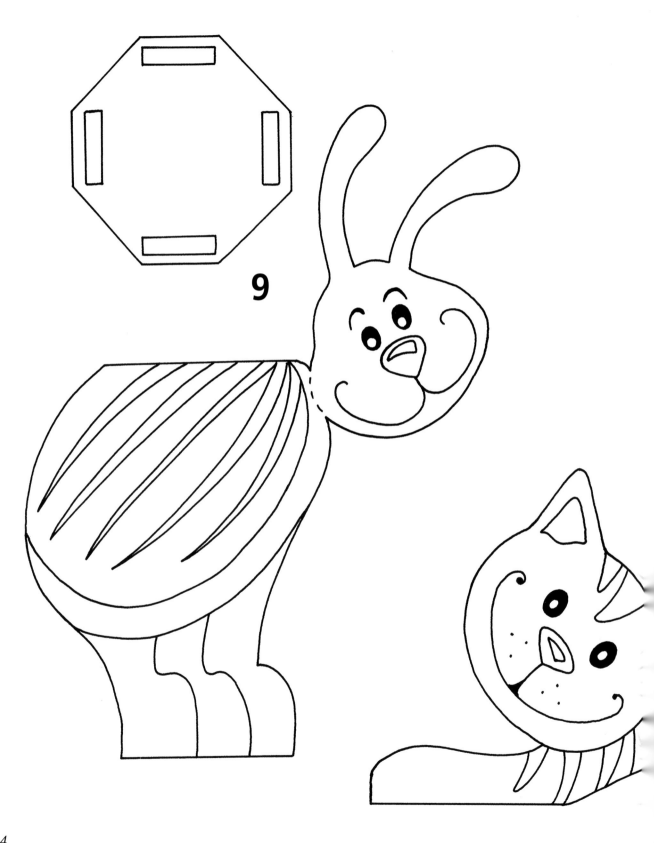

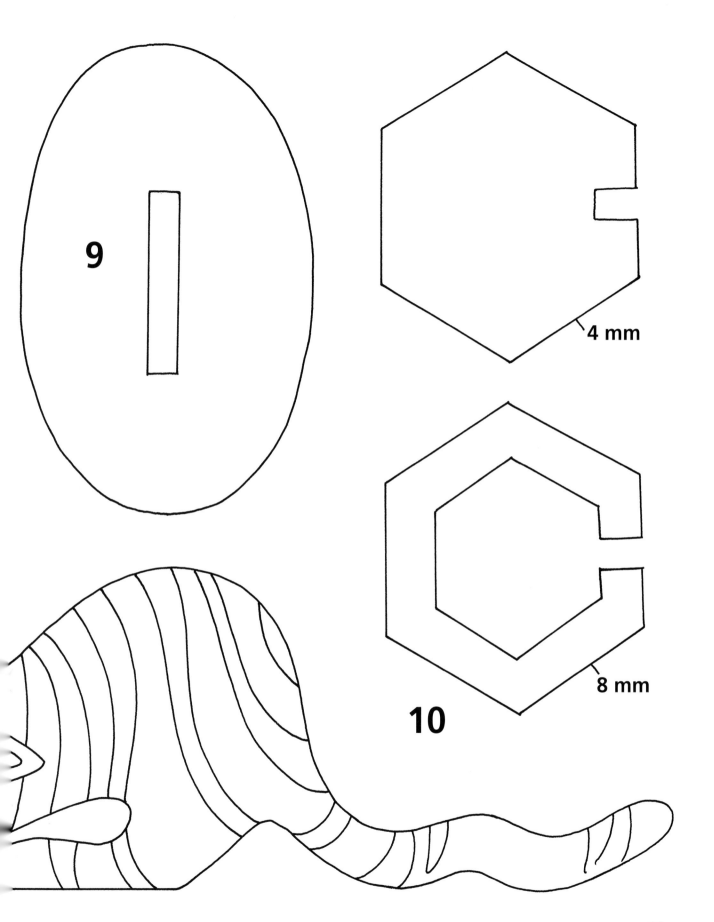

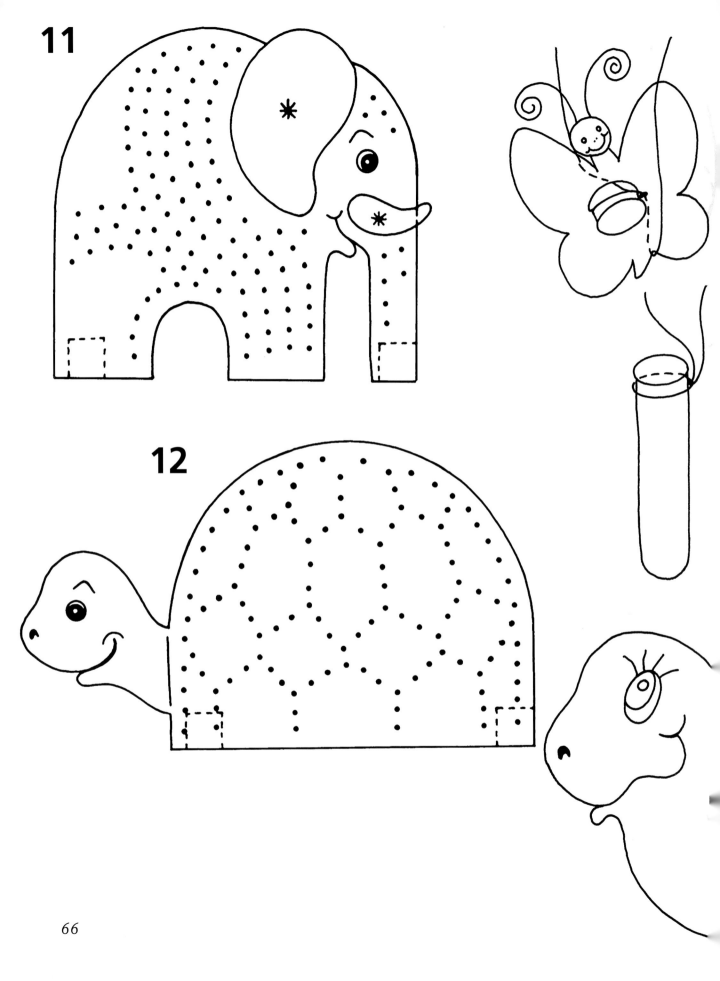

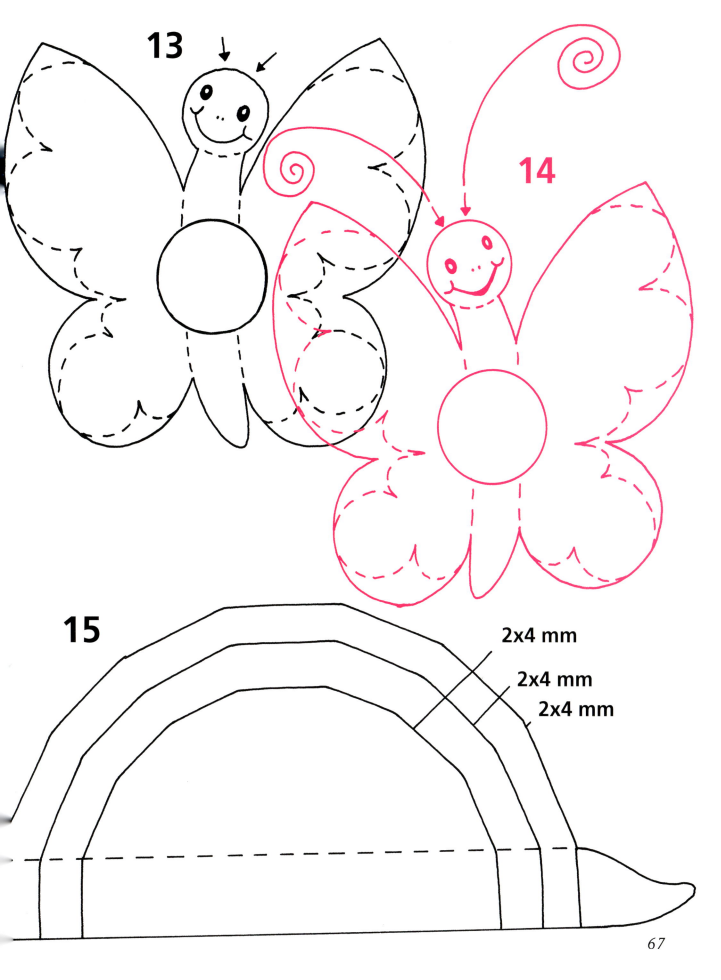

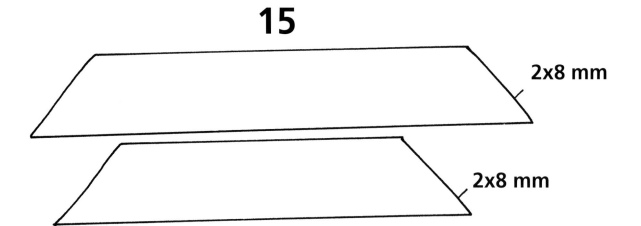
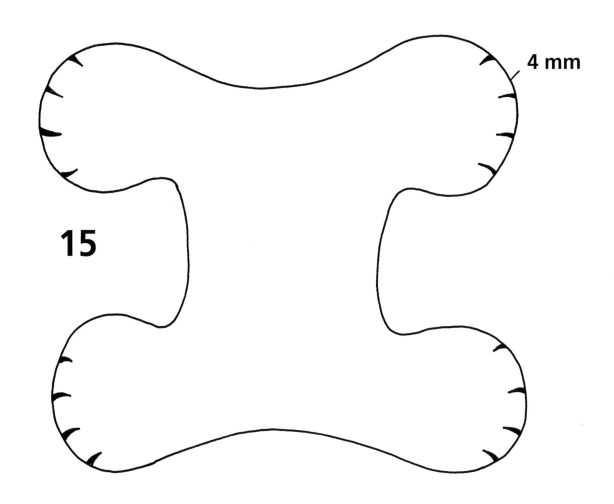

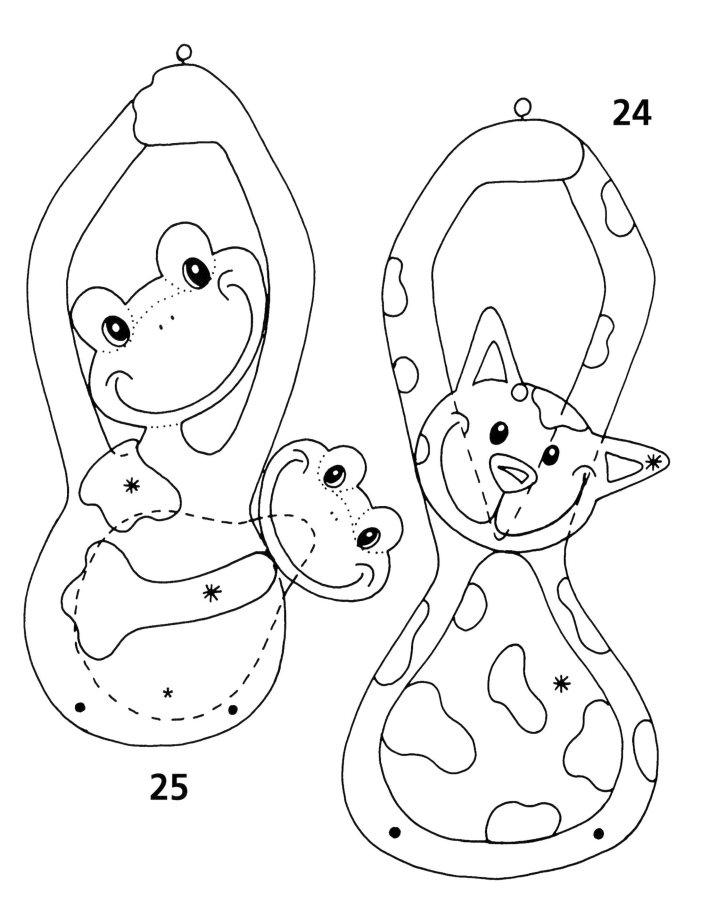

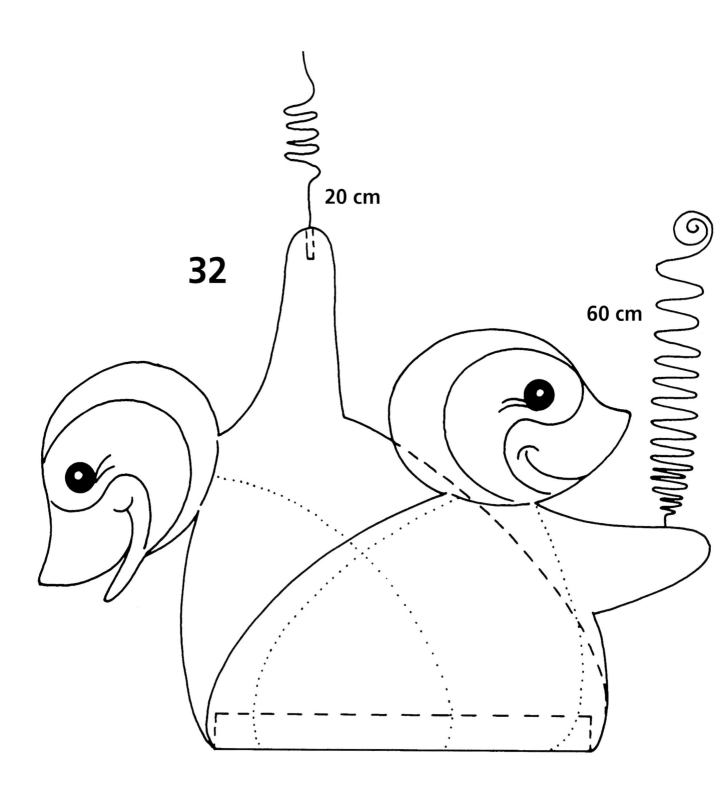

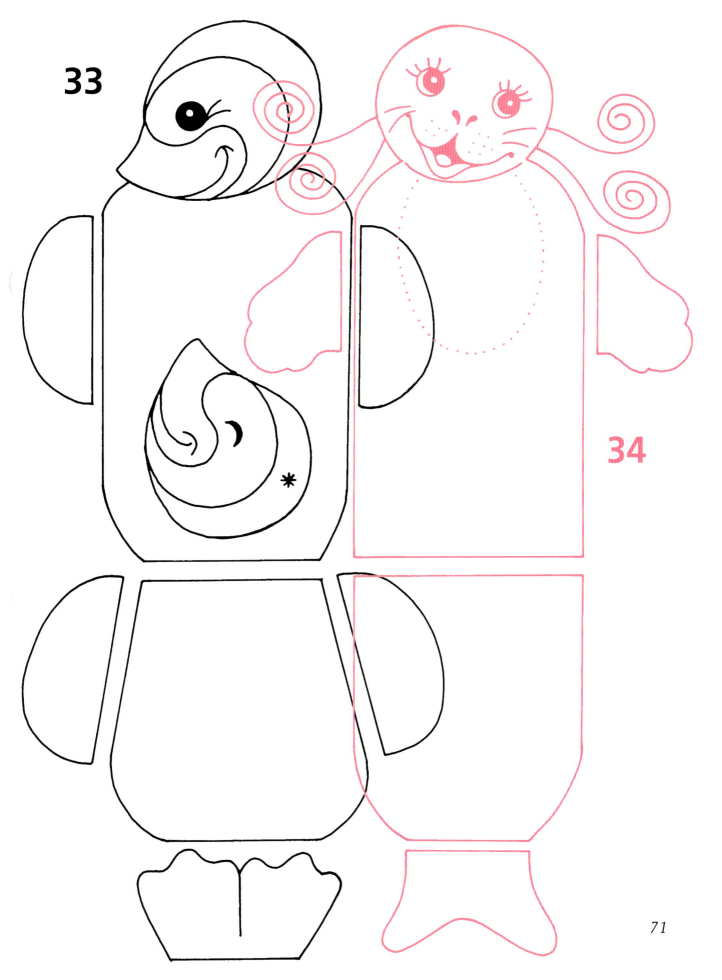

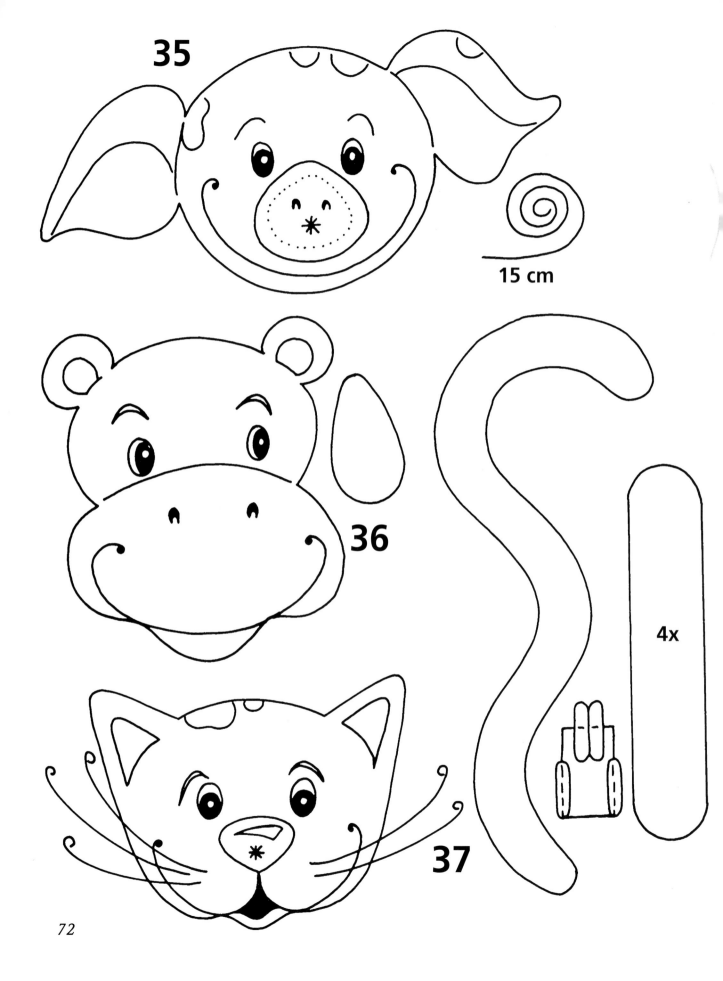

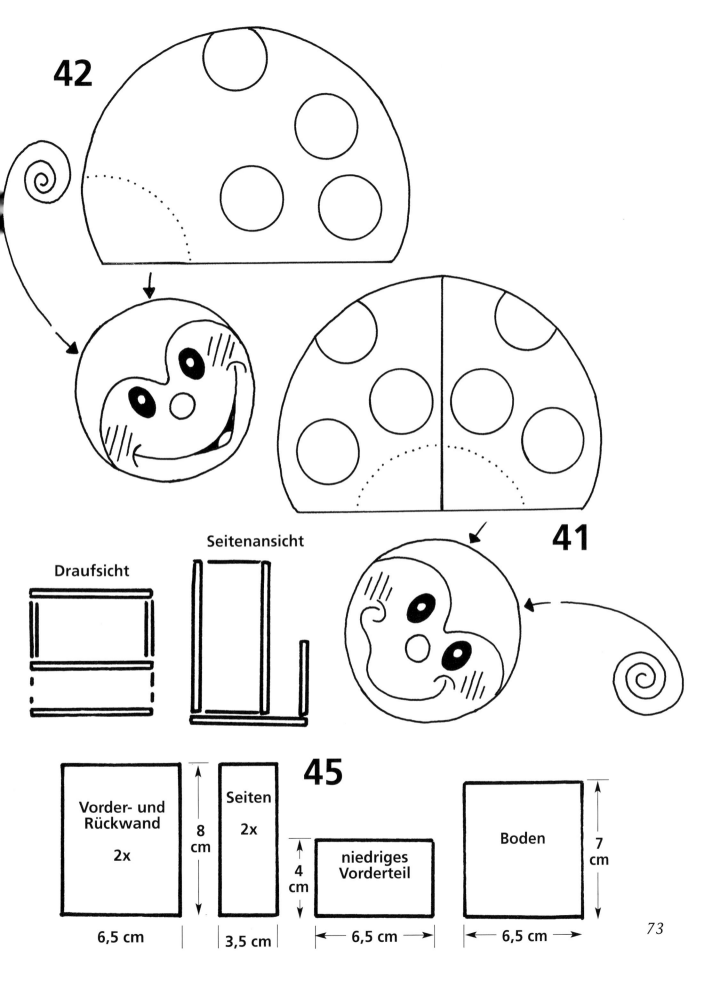

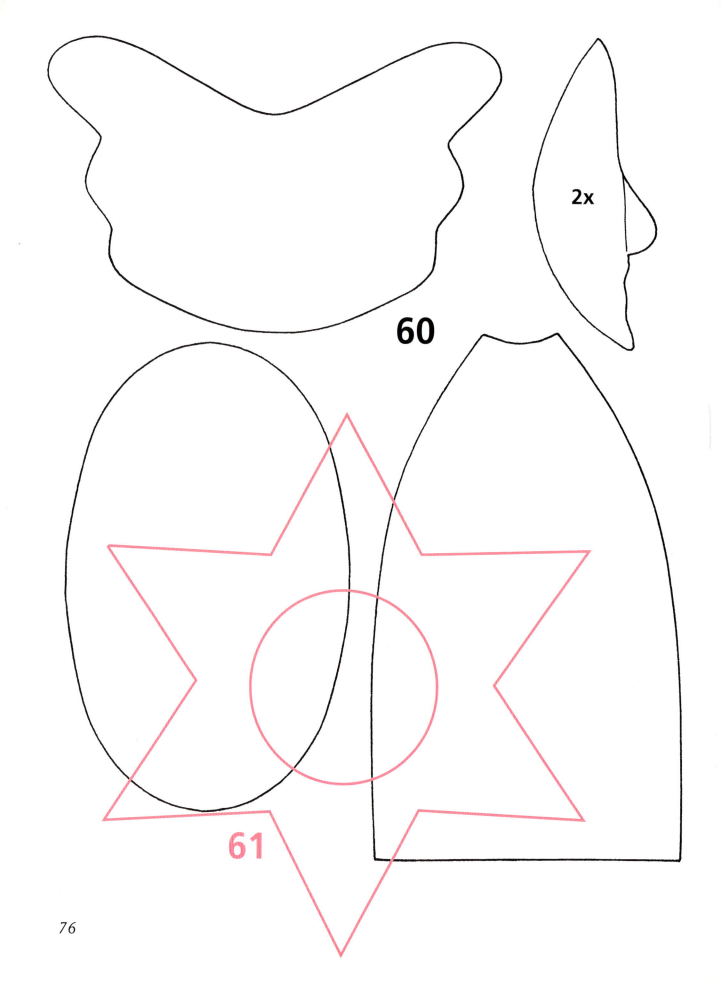

Impressum

Autoren

Erika Bock, Seiten 56-61
Marion Dawidowski, Seiten 10-11, 14-19, 30-31, 38-39, 50-51
Ingrid Moras, Seiten 12-13, 20-29, 32-37, 40-49, 52-55

Abbildungen

eksa, Seiten 20-21, 24-25, 28-29, 32-33, 36-37, 40-41, 46-49, 52-55
Roland Krieg, Seiten 14-19, 38-39
Christoph Schmotz, Seiten 10-11, 30-31, 50-51, 56-61
Weber & Göröcs, Seiten 12-13, 22-23, 26-27, 34-35, 42-45

© 2003 Christophorus-Verlag GmbH
Freiburg im Breisgau
www.christophorus-verlag.de

Alle Rechte vorbehalten –
Printed in Czech Republic
ISBN 3-419-53620-8

Jede gewerbliche Nutzung der Arbeiten und Entwürfe ist nur mit Genehmigung der Urheber und des Verlages gestattet. Bei Anwendung im Unterricht und in Kursen ist auf dieses Buch hinzuweisen.

Redaktion: Ursula Brunn-Steiner, Groß-Gerau
Umschlag- und Layoutentwurf: Network!, München
Gesamtproduktion: smp, Freiburg
Satz: Gisa Bonfig, Freiburg
Vorlagenteil: Klaus Werner, Taunusstein
Druck: Graspo, Zlin 2003